DEUXIÈME CAHIER DE LA TROISIÈME SÉRIE

CHARLES GUIEYSSE

LES UNIVERSITÉS POPULAIRES ET LE MOUVEMENT OUVRIER

CAHIERS DE LA QUINZAINE
PARIS
8, rue de la Sorbonne, au rez-de-chaussée

Nos Cahiers sont édités par des souscriptions mensuelles régulières et par des souscriptions extraordinaires; la souscription ne confère aucune autorité sur la rédaction ni sur l'administration : ces fonctions demeurent libres.

Nous servons :

des abonnements de souscription à cent francs;
des abonnements ordinaires à vingt francs;
et des abonnements de propagande à huit francs.

Il va sans dire qu'il n'y a pas une seule différence de service entre ces différents abonnements. Nous voulons seulement que nos cahiers soient accessibles à tout le monde également.

Le prix de nos abonnements ordinaires est à peu près égal au prix de revient; le prix de nos abonnements de propagande est donc très sensiblement inférieur au prix de revient.

Nous ne consentons des abonnements de propagande que pour la France et pour la Belgique.

Nos cahiers étant très pauvres, nous ne servons plus d'abonnements gratuits.

Nous envoyons éventuellement nos cahiers à qui nous les demande. — Nous envoyons pour soixante centimes le premier cahier de la troisième série, où sont tous les renseignements nécessaires.

Nous acceptons que nos abonnés paient leur abonnement par mensualités de un ou deux francs.

M. André Bourgeois, administrateur des cahiers, reçoit pour l'administration et pour la librairie tous les jours de la semaine, le dimanche excepté, — de huit heures à onze heures et de une heure à sept heures.

M. Charles Péguy, gérant des cahiers, reçoit pour la rédaction le jeudi soir de deux heures à cinq heures.

Adresser à M. André Bourgeois, administrateur des cahiers, 8, rue de la Sorbonne, Paris, la correspondance d'administration et de librairie : abonnements et réabonnements, rectifications et changements d'adresse, cahiers manquants, mandats, indication de nouveaux abonnés. N'oublier pas d'indiquer dans la correspondance le numéro de l'abonnement, comme il est inscrit sur l'étiquette, avant le nom.

VRAIMENT VRAI

Nos abonnés ont ici de M. Charles Guieysse, le secrétaire général de la Société des Universités Populaires, un cahier, qui lui est personnel, sur ces mêmes Universités. Nous publierons bientôt un cahier de documents et renseignements qui nous sera fourni par la Société même. Enfin nous publierons quelque jour, de M. Romain Rolland, tout un cahier sur le théâtre populaire.

Il y a deux enseignements, et il n'y a que deux enseignements. Si nous conservons les dénominations usuelles, et nous pouvons provisoirement les conserver, il y a et il n'y a de fondés en raison et de distincts que l'enseignement *supérieur* et l'enseignement *primaire*. L'enseignement *secondaire*, qui est socialement si considérable, n'existe, en raison, que parce qu'il fait la préparation de l'enseignement supérieur et la continuation, ou l'achèvement, de l'enseignement primaire.

L'enseignement supérieur, entendu à peu près au sens usuel, commande l'enseignement primaire, et à plus forte raison l'enseignement secondaire, qui fait le trait d'union. Et de l'enseignement primaire à l'enseignement supérieur, en passant par l'enseignement secondaire, il n'y a pas continuité, progrès continu, mais conversion et révolution, altération, crise, formation.

Étant donné que tout enseignement tend à communiquer de la connaissance à des élèves, on peut nommer enseignement supérieur celui qui fait passer avant tout la considération de la connaissance, et enseignement primaire celui qui fait passer avant tout la considération des élèves. L'enseignement secondaire est le trait d'union parce que, tout en formant des élèves, il commence à leur enseigner à faire avancer la connaissance humaine.

L'enseignement supérieur ne reçoit aucun commandement; il se commande lui-même; ou plutôt il n'est commandé que par le réel dont il cherche la connaissance vraie; il ne tend qu'à la recherche de la vérité dans la philosophie et dans les sciences; à la limite, et rigoureusement, il n'a pas à se préoccuper des élèves. Il ne tend qu'à faire avancer la connaissance que l'humanité peut avoir du réel proposé à son enquête. Le professeur à l'École des Hautes-Études ou au Collège de France poursuit pour sa part la perpétuelle et l'universelle investigation de l'humanité sur le réel proposé à cette investigation. Il ne court pas après les élèves. Ils viennent à lui, comme au Dieu d'Aristote, suivent son cours, l'entendent de leur mieux, travaillent, au besoin se préparent à l'écouter. Normalement il n'a pas à se préoccuper de leur insuffisance. Mais c'est à eux d'y pourvoir. Parlant rigoureusement on peut dire qu'ils sont faits pour le cours, et que le cours n'est pas fait pour eux, puisqu'il est fait pour l'objet du cours. Ainsi quand M. Vidal de la Blache fait un cours d'enseignement supérieur sur le système orographique de l'Europe, il ne s'agit pas que des élèves donnés trouvent le cours agréable, commode, utile, facile; mais il s'agit, absolument, que le professeur prononce la connaissance la plus exacte qu'il pourra, scientifiquement, géographiquement, des hauteurs européennes réelles. Quand un philologue fait une leçon d'enseignement supérieur sur un texte ancien, il ne s'agit absolument que de reconstituer et d'interpréter, le plus exactement que l'on pourra, l'ancien texte réel. Enfin quand un philosophe, historien, fait un cours d'enseignement supérieur sur la philosophie d'Épicure, il ne s'agit, absolument, que de reconstituer et d'interpréter, le plus exactement que l'on pourra, la philosophie réelle d'Épicure. C'est aux élèves à s'être mis d'eux-mêmes et d'avance en mesure d'écouter ces cours. Il faut qu'ils aient d'avance appris la technique, le vocabulaire, la géologie, la cosmographie, la physique et la chimie générale, assez d'histoire naturelle, assez d'histoire. Il faut qu'ils aient appris la grammaire, le vocabulaire, la métrique. Il faut qu'ils sachent le grec, et au moins un peu l'histoire de la philosophie grecque avant Épicure.

Entendons-nous, et ne laissons pas prétexte à la parodie. L'enseignement supérieur n'est pas celui qui ferait exprès d'être inintelligible à son auditoire. Il ne méprise pas ses élèves. Il s'efforce de se faire écouter, de se faire entendre. Mais telle n'est pas sa fin essentielle. Sa fin essentielle est de contribuer à la philosophie et à la science humaine. Il travaille sous l'aspect de l'humanité. Que le professeur, en sauvegardant l'entièreté de la philosophie et l'entièreté de la science, les rende intelligibles à l'auditoire qui lui est donné, c'est affaire à lui comme artiste, mais nous réservons, dans ce raisonnement et dans ce classement schématique, la considération de l'art et des moyens.

Nous n'examinons que les intentions et les volontés. L'intention de l'enseignement supérieur est philosophique et scientifique. Le meilleur enseignement supérieur est celui qui fait la meilleure philosophie et la meilleure science.

Le meilleur enseignement primaire est celui qui fait les meilleurs élèves. L'enseignement primaire commence par être intelligible. Son intention est pédagogique. Il travaille sous l'aspect des hommes. Il veut former des hommes et des citoyens.

Nous savons que la distinction que nous voulons établir est schématique. Mais nous ne croyons pas qu'elle en soit moins profonde. Nous savons que de l'enseignement primaire à l'enseignement supérieur, en passant par l'enseignement secondaire, de l'alphabet au laboratoire, et de l'instituteur au professeur, s'étagent les innombrables nuances de l'art et de la vie. Mais nous croyons aussi que l'apparente continuité, que la continuité organique réelle de ces nuances recouvre une réelle rupture logique, morale, et peut-être métaphysique. Dans la vie de tout homme intéressant, et à s'en tenir aux fonctions de la connaissance, il y a un moment où l'on cesse d'être un bon élève. Par l'histoire de la pédagogie nous connaissons qu'il s'en faut de beaucoup que les meilleurs élèves soient devenus les meilleurs philosophes et les meilleurs savants. Par l'histoire de la philosophie et des sciences nous connaissons que beaucoup de bons philosophes et beaucoup de bons savants n'avaient pas été de bons élèves. Et ceux qui furent de bons élèves et puis qui devinrent de bons philosophes et de bons savants, ce fut par des qualités fort différentes, sinon contraires. Il y a l'enfance et l'adolescence, où l'on est élève; et il y a l'âge adulte, où l'on est homme, savant ou philosophe. Il y a, pour passer du premier âge au deuxième, une révolution mentale aussi, crise intellectuelle et morale, conversion, changement de regard. Un élève est normalement un enfant puis un adolescent que l'on cultive et qui lui-même se cultive de plus en plus, de mieux en mieux. Un adulte, un homme cultive la philosophie ou la science. Eu égard aux fonctions de la connaissance, il ne se cultive plus que pour l'objet de son investigation.

Je crois que l'on avancerait beaucoup vers la solution de problèmes importants si l'on introduisait dans la recherche la nouvelle considération de l'enseignement supérieur et de l'enseignement primaire ainsi distingués, si on se demandait à chaque instant ce qui dans l'enseignement est fait pour l'élève, et ce qui est fait pour l'objet de la science et pour l'objet de la philosophie. Les deux intentions se combattent souvent. L'Université de l'État, dont quelques radicaux veulent nous faire un monopole infaillible, et qui ressemble tant à l'Église d'État, a beaucoup retardé, beaucoup faussé le passage de l'enseignement primaire à l'enseignement supérieur en instituant des examens et concours tardifs, comme l'agrégation. Si les Facultés et l'École normale réussissent assez souvent à donner de bons résultats, à former des esprits libres, c'est que la plupart des professeurs et maîtres de conférences réagissent tant qu'ils peuvent contre l'institution, réduisent tant qu'ils peuvent le bachotage, introduisent tant qu'ils peuvent le véritable travail de lettres, de sciences, de philosophie.

Beaucoup de problèmes seraient éclairés si l'on commençait par se demander expressément ce que l'on veut faire pour l'élève et ce que l'on veut faire pour l'objet : ainsi l'organisation de l'enseignement primaire, laïque; l'élimination de l'enseignement congréganiste; la composition des programmes; la succession des études; le monopole universitaire; la succession des examens et concours; le fédéralisme universitaire; l'enseignement littéraire et l'enseignement scientifique; l'enseignement classique et l'enseignement romantique; l'enseignement par l'antique et l'enseignement par le moderne; l'enseignement par le français et l'enseignement par les étrangers; l'enseignement par les maîtres, et l'enseignement par les camarades, et l'enseignement par les amis, et l'enseignement par soi-même; l'enseignement par l'émulation et l'enseignement sans émulation; les méthodes; l'utilisation ou la suppression des grandes Écoles militaires et universitaires; la neutralité; l'extension universitaire; l'internat, l'externat ou la famille.

On s'apercevrait ainsi que parmi les difficultés qui mettent si heureusement en fuite les snobs antérieurs, outre les difficultés économiques, politiques, sociales qui sont généralement indiquées, les Universités populaires présentent la difficulté pédagogique suivante : il faut qu'elles fassent de l'enseignement primaire à des auditeurs qui ont déjà reçu l'enseignement supérieur de la vie même.

Ailleurs les hommes reçoivent l'enseignement primaire pendant l'enfance et l'adolescence, puis ils passent normalement à l'enseignement supérieur, s'ils y passent. Mais dans les Universités populaires les auditeurs qui reçoivent un enseignement primaire ne sont plus pour la plupart des enfants ni des adolescents; ils sont des adultes, souvent des vieillards. Ils ont tous reçu le maître enseignement de la vie. Et ils ont presque tous reçu le maître enseignement de la pauvreté. Ils en savent, en un sens, autant que leurs instituteurs et professeurs, ils connaissent comme eux le monde et le réel s'ils ont connu eux-mêmes l'amour et la mort.

Dans les écoles primaires l'instituteur a sur l'élève cet avantage que son avance de savoir est doublée, autorisée par une avance de vie. Dans l'université populaire l'instituteur, le professeur a l'avance de savoir, mais il n'a plus l'avance de vie. Même il peut avoir un certain retard de vie. L'ouvrier et le paysan, s'ils ont été plus malheureux, plus pauvres, peuvent avoir une connaissance plus âpre, plus profonde, plus valable de la vie. Ainsi l'université populaire cumule avec les difficultés pédagogiques de l'enseignement primaire, avec les difficultés de l'enseignement supérieur, des difficultés propres.

Beaucoup de questions seraient éclairées, en dehors des questions étroitement universitaires, si l'on introduisait dans la recherche la distinction de l'enseignement primaire et de l'enseignement supérieur, car on doit considérer beaucoup de questions, au moins en partie, sous l'aspect de l'enseignement : la presse, les journaux, cahiers et revues; les romans feuilletons; les annonces; les polémiques; le théâtre; les campagnes électorales; les livres; la politique; les affiches.

Nous examinerons modestement ces questions dans les cahiers à mesure que nous le pourrons. Nous n'introduirons aujourd'hui la distinction de l'enseignement primaire et de l'enseignement supérieur que pour demander non pas l'indulgence mais la patience de nos nouveaux abonnés et de nos abonnés éventuels.

J'ai souvent dit que *Pages libres* est un périodique d'enseignement primaire. On pourrait spécifier que leur institution correspond exactement à celle des Universités populaires. Comme les Universités populaires, *Pages libres* font de l'enseignement primaire en ce sens que la considération des lecteurs, la formation des élèves y passe au premier plan. Comme les Universités populaires, *Pages libres* font de l'enseignement primaire à un public, à un auditoire qui a déjà reçu l'enseignement supérieur de la vie. Ainsi les collaborateurs de *Pages libres* ont sur les abonnés une avance de savoir, mais ils n'ont pas une avance de vie. Et toutes les difficultés de l'enseignement primaire, les difficultés de l'enseignement supérieur, les difficultés propres des Universités populaires se cumulent pour la rédaction et pour l'administration de *Pages libres*. Et ce n'est point par hasard que M. Guieysse, ayant travaillé aux Universités populaires, a fondé ensuite ce périodique populaire.

Je n'ai jamais dit, mais je puis dire, à présent que nous avons défini les mots, que nos cahiers font de l'enseignement supérieur. Que nous y réussissions plus ou moins, il appartient à l'événement de le dire. Mais telles sont nos intentions. Nous tâchons de faire pour la préparation de la révolution sociale, au sens où nous l'entendons, exactement ce que l'enseignement supérieur fait pour l'orographie de l'Europe, le texte ancien, ou la philosophie d'Épicure. Nous publions vraiment ce que nous croyons la vérité, sans faveur et sans défaveur, sans accommodation, facilité, ni agrément.

Nous croyons qu'il est indispensable que cet enseignement supérieur soit produit quelque part. Dans la croissante mêlée des mensonges démagogiques, il est indispensable qu'un périodique publie librement tout ce qu'il peut de vérité libre, sans aucun souci de partialité, sans aucun souci de basse utilisation, — sans aucun souci d'enseignement primaire, de mise à la portée.

La génération pour qui nous travaillons ne vaut pas la génération précédente. Sachons le dire. Sachons le lui dire. Les républicains de la veille, qui nous préparèrent la République, si mal, sous l'Empire, étaient en présence d'un public beaucoup plus intelligent, et plus travailleur que nous. J'ai connu dans mon enfance plusieurs de ces vieux républicains de province, ouvriers ou très petits patrons. Ces hommes lisaient beaucoup, attentivement, avec zèle, avec persévérance. Ils travaillaient. Leurs auteurs, un peu inégaux, ne les valaient pas toujours, et ne méritaient pas toujours ce zèle. C'étaient Michelet, Quinet, Hugo, Raspail, Eugène Suë, Gambetta, Paul Bert, Thiers, Louis Blanc. Ces républicains se passionnaient pour l'histoire de la Révolution et de l'Empire. Ils s'efforçaient. Ils travaillaient. Si la présente république n'est pas plus habitable, ce n'est nullement de leur faute, mais cela tient au bourgeoisement, ou à l'embourgeoisement de leurs chefs.

Nous auteurs, éditeurs et gérants, nous sommes aujourd'hui moins favorisés. On ne lit plus. Non seulement le public est mauvais, mais il n'y a plus de public. Pour des causes que nous examinerons plus tard, en particulier par l'invasion de la pédagogie d'agrément, ou pédagogie complaisante, l'ancien public s'est désagrégé. Le nouveau public est à faire. Nous nous y employons autant que nous le pouvons, sans aucune servilité ni complaisance. Que nos abonnés nous y aident. Au moment où nous publions ce deuxième cahier, nous ne pouvons encore savoir combien la troisième série sera lue. Nous recevons le témoignage et la preuve d'amitiés profondes. Si ce mouvement continue constant, nous aurons avancé d'un pas dans cette œuvre indispensable préliminaire : obtenir qu'un public libre soutienne et lise un périodique libre.

Au moment où nous mettons sous presse, la lâcheté la plus révoltante s'étale.

Je prie qu'on veuille noter que je suis un des plus grands ennemis — loyaux — de Jaurès. Même je suis son plus grand ennemi, s'il est vrai qu'il n'y a pas de socialiste en France qui ait comme lui l'amour de l'unité mystique, et s'il est vrai qu'il n'y a pas de véritable anarchiste qui ait plus que moi la passion de la liberté. J'ai critiqué Jaurès en un temps où des nuées innumérables de flagorneurs l'environnaient. Je lui ai dit ce que je croyais la vérité en un temps où presque tout le monde cultivait ses erreurs. Je l'ai

---

Je continue à la page trois de la couverture.

CHARLES GUIEYSSE

LES UNIVERSITÉS POPULAIRES ET LE MOUVEMENT OUVRIER

Il ne faut pas lire seulement ce qui suit pour se faire idée de l'Université Populaire. La qualité de secrétaire général de la société des U. P. est moins importante que celle de fondateur d'U. P. Il ne faut pas lire seulement celui qui a regardé attentivement et sans passion les autres travailler, il faut lire aussi ceux qui ont travaillé passionnément.

On lira donc :

La Coopération des Idées; une tentative d'éducation et d'organisation populaire, par GEORGES DEHERME, édité à l'Union pour l'Action morale. — o franc 5o.

La Fondation universitaire de Belleville, par JACQUES BARDOUX, chez F. Alcan. — 1 franc 5o.

Quelques réflexions sur les Universités Populaires, par DICK MAY, dans *la Revue Socialiste*, numéros de janvier et de février 1901.

Les Annales de l'Université Populaire lyonnaise, trois brochures parues chez Storck et Cie, à Lyon.

On se préoccupera aussi des idées de Gabriel Séailles, Buisson, Duclaux...

CH. G.

I

L'UNIVERSITÉ POPULAIRE INSTITUTION OUVRIÈRE

L'Université Populaire est un produit du mouvement ouvrier.

L'Université Populaire est une association ouvrière, de même que le syndicat, que la coopérative socialiste, et aussi que le groupe d'action politique ou d'études sociales.

C'est à ce point de vue qu'il importe de la considérer, sans se laisser arrêter par ce fait qu un certain nombre d'institutions portent le nom d'Université Populaire et ne sont nullement un produit du mouvement ouvrier. Ces institutions sont simplement des sociétés d'instruction et d'éducation qui agissent dans les milieux ouvriers, comme tant d'autres agissent dans les milieux du petit commerce, de la petite bourgeoisie ; elles ne sont pas des U. P. comme elles vont se définir ici.

Les U. P. cependant à leur naissance ne sont pas apparues comme produit du mouvement ouvrier. Elles sont nées en effet du rapprochement qui s'est fait entre la bourgeoisie libérale et la classe ouvrière pendant l'affaire Dreyfus. La classe ouvrière par son attitude à Paris ayant somme toute plus fait que le gouvernement pour défendre la République, la bourgeoisie libérale reconnaissante a fondé les U. P. ; et elle y a beaucoup parlé de fusion des classes, quand elle n'allait pas jusqu'à y nier qu'il y eût des classes.

Cet état de paix aimable a peu duré. D'une part, la bourgeoisie libérale s'est lassée de fréquenter les U. P. où elle était naturellement mal à son aise, et, d'autre part, la classe ouvrière a vite manifesté son désir de prendre elle-même la direction des U. P., ce qui ne pouvait guère plaire à la bourgeoisie libérale mais craintive.

Un an après le commencement des U. P., il était manifeste que bientôt elles ne tireraient plus leur force que de la classe ouvrière ; et l'éloignement de la bourgeoisie a été en s'accélérant. Certes, dans les U. P. on rencontre encore de nombreuses personnes appartenant à la bourgeoisie, mais ces personnes ont un esprit assez exceptionnel : elles aiment la liberté pour elle-même et non pour les avantages qu'elles en retirent égoïstement ; jouissant de la liberté, elles veulent en donner les jouissances à la classe ouvrière. Tout d'abord, elles représentaient la bourgeoisie dans un essai de fusion impossible avec la classe ouvrière, elles sont devenues les alliées de la classe ouvrière travaillant elle-même à son émancipation.

Par le jeu naturel des facteurs sociaux, les U. P. sont devenues des institutions ouvrières ; et ce qui est maintenant clairement leur raison d'être, c'est la lutte de classe et non la fusion des classes.

LA LUTTE DE CLASSE POUR LA LIBERTÉ

Mais entendons-nous sur le sens du mot « lutte de classe » qui n'a qu'une très lointaine analogie avec l'idée caricaturale de la lutte de la casquette et du chapeau mou contre le chapeau rond ou haut-de-forme.

On ne voit généralement dans la lutte de classe qu'une lutte pour l'égalité et rien que cela ; cela serait la lutte du pauvre contre le riche qu'il envie. Sans nier que l'égalité soit réellement et fortement désirée par les ouvriers socialistes, on peut concevoir que la lutte de classe est avant tout la lutte pour la liberté et qu'elle s'organise par le désir qu'ont de la liberté ceux qui ne la possèdent pas aujourd'hui. L'existence des U. P., comme institutions de la classe ouvrière autonome, vient justifier cette manière de voir.

S'il est possible de décréter l'égalité en s'emparant du gouvernement, de l'administration politique d'aujourd'hui qui, fortement hiérarchisée, permet tous les actes d'autorité, il est impossible de décréter véritablement la liberté, laquelle se doit conquérir, l'homme s'y habituant peu à peu, la concevant chaque jour plus nettement que la veille. Aux yeux de quiconque aime vraiment la liberté, la lutte de classe peut donc apparaître comme absolument logique, et absolument désirable.

Jusqu'à présent, elle n'apparaît guère ainsi ni à la bourgeoisie propriétaire, ni aux hommes médiocres et faux intellectuels qui se sont emparés de la direction du mouvement socialiste. Mais je prétends que, comme je la présente, elle commence à apparaître, confusément encore, aux ouvriers.

La lutte de classe se fait, dit-on constamment et justement, dans le but de conquérir « les pouvoirs publics ». Il faut définir ce terme.

On entend généralement par là les pouvoirs gouvernementaux de l'État actuel, le Parlement, les Ministères. Cela est un entendement naïf et incomplet. Les pouvoirs publics existent indépendamment de la forme sous laquelle ils apparaissent à une époque déterminée; et quand on parle de « classe dirigeante », c'est bien ce que l'on affirme. Actuellement la classe dirigeante, c'est l'ensemble des propriétaires ; la lutte de classe a pour but de lui substituer la classe ouvrière, ou plus exactement de donner à la classe des travailleurs, des producteurs la direction générale de la société. (1)

Et, ainsi présentée, la lutte de classe semble bien une nécessité historique.

Comme ce dont toujours les hommes ont eu besoin, c'est des produits du travail, l'histoire des travailleurs améliorant successivement leur condition vers plus de liberté constitue comme la structure de l'histoire politique. Et il est justement permis de supposer que les travailleurs arrivant à la liberté, c'est-à-dire devenant classe dirigeante, — car la liberté positive se manifeste par la juste part qu'on prend à la gestion des intérêts généraux — ce serait l'établissement de la liberté comme principe même de la Politique. (2)

---

(1) En réunion publique, sur les affiches, dans les brochures de propagande, on emploie constamment l'un pour l'autre les mots « prolétaire » et « travailleur ». Il y a là une confusion fâcheuse. Les prolétaires, les pauvres, les miséreux ne peuvent pas s'unir pour prendre la direction de la société, car ils ne remplissent pas de fonction sociale ! ils sont seulement les produits d'une organisation sociale condamnable ; ayant conscience de leur état, ils constituent une force de révolte *contre* l'état actuel, mais non point une force révolutionnaire dirigée *vers* une autre organisation sociale. Les travailleurs, au contraire, les producteurs, remplissent une fonction sociale qui ne saurait jamais cesser, et ils constituent une force révolutionnaire qui se donne comme but que leurs fonctions seront remplies dans la liberté et non pas dans la servitude du salariat actuel. Que le paupérisme disparaisse quand les travailleurs — généralement prolétaires — seront devenus la « classe dirigeante », cela est possible, probable même si l'on veut. Mais la lutte de classe implique l'union des travailleurs et non point des prolétaires, l'union des producteurs et non des pauvres.

(2) On conçoit généralement que le *but* du mouvement ouvrier est l'expropriation de la propriété capitaliste, et la formation d'une pro-

C'est bien ce que prévoit l'Église, qui combat avec une énergie grandissante le mouvement ouvrier, n'ignorant pas qu'il est dirigé vers la liberté, et voulant l'enrayer par la formation d'un mouvement ouvrier spécial et contraire (les *jaunes*) qui tendrait à un certain régime d'égalité heureuse dans la soumission et la dévotion. Pour ce combat contre la liberté, l'Église a accepté le régime politique républicain, qui lui est d'ailleurs beaucoup plus favorable que le régime monarchique ; il ne faudra pas s'étonner si un jour elle accepte les doctrines économiques collectivistes qui sont parfaitement favorables à la théocratie quand on les considère en elles-mêmes ; la société collectiviste ou communiste des docteurs peut tout aussi bien être établie par une dictature cléricale (1) que par une dictature socialiste.

---

priété collective; Millerand, qui est un homme doux, a parlé dans un discours ministériel des ouvriers arrivant, lentement et péniblement, à la propriété sous la forme collective, la seule à laquelle ils puissent prétendre. Ce que sera la propriété quand le mouvement ouvrier aura abouti, cela n'a qu'une importance très médiocre ; elle sera collective d'une certaine façon (que nous ignorons d'ailleurs), oui, mais seulement par voie de *conséquence*, et parce que le régime de l'industrie moderne l'exigera. Les travailleurs arrivant à la direction de la société, cela veut dire que les intérêts généraux seront ceux du travail, et non plus ceux de la propriété, cela veut dire que, tandis qu'aujourd'hui il faut posséder pour être apte au bonheur, il faudra dorénavant travailler et produire. Et c'est tout, selon moi.

(1) On voit le programme du futur cléricalisme collectiviste : cléricalisation des moyens de production et d'échange ; union et action internationales des travailleurs jaunes ; conquête cléricale des pouvoirs publics par le prolétariat se soumettant à l'Église.

Et c'est pourquoi la liberté ne peut s'établir que par une lutte de classe méthodique qui se donne pour but, non pas un état politique et économique rigoureusement déterminé à l'avance et présenté aux salariés sous une forme dogmatique, mais le renversement successif de toutes les hiérarchies, et l'établissement de rapports juridiques nouveaux entre la collectivité et les individus, au fur et à mesure que l'autorité hiérarchique qui lie les individus se brise; la destruction du régime militaire, et son remplacement par le régime civil; la radiation du principe de commandement, et l'établissement de contrats entre forces sociales équivalentes.

Ceci dit, par quoi apparaît le mouvement de la classe des producteurs vers la liberté, vers la prise en main de la direction de la société ? — par l'action politique électorale — par l'action coopérative — par l'action syndicale — par l'action des U. P. (Elle apparaîtra peut-être par d'autres manières encore, qu'aujourd'hui nous n'apercevons point.)

L'action politique électorale est menée par des individus de toute origine et de toute profession qui, en dépit de tous les efforts intellectuels qu'ils ont faits, sont essentiellement médiocres, et s'en rendent compte. Ces faux intellectuels ont envahi la classe ouvrière, et disent volontiers qu'ils forment le Parti socialiste, après qu'ils ont d'abord formé le Parti radical. Ils sont naturellement égalitaires et autoritaires ; égalitaires, quand ils prêchent, quand en réunion publique ils soufflent leurs haines de médiocres, et montrent leur désir d'abaisser à leur niveau ceux dont ils jalousent l'indépendance intellectuelle ou économique ; autoritaires, quand ils ont conquis une situation politique, quand il ont acquis une certaine liberté dont ils jouissent égoïstement.

L'action politique n'est pas aujourd'hui entre les mains de la classe ouvrière. Mais on conçoit qu'elle puisse se modifier convenablement, quand les producteurs délégueront des représentants exacts de leurs intérêts pour pénétrer la hiérarchie politique afin de la détruire au fur et à mesure des capacités qu'elle se donnera, ou si elle arrive à nommer des intellectuels vrais qui auront le sens des mouvements historiques, et dont la fonction sera d'occuper les postes gouvernementaux, non point tant pour y faire acte d'autorité que pour substituer dans la gestion du patrimoine national le souci des intérêts du travail à la seule considération des intérêts de la propriété.

L'action coopérative, elle, est déjà plus exactement action de la classe ouvrière, quoiqu'en elle-même elle ne comporte plus lutte principale pour la liberté.

Une coopérative de consommation en effet est,

une institution essentiellement égalitaire tant qu'elle se restreint à son objet immédiat ; elle n'implique aucune lutte, elle apparaît même comme entraînant la fusion des classes, car tout homme consomme, et la consommation est indépendante de l'état social. Pour qu'elle soit une organisation ouvrière, qu'elle aide à la lutte de classe, elle doit dépasser son but immédiat : soit que, selon les idées de l'École de Nîmes, elle constitue une force capitaliste et utilise son capital dans l'installation d'ateliers de production où le salariat serait remplacé par un autre régime de travail — soit que, selon les idées qui règnent en Belgique, elle constitue comme une sorte de vaste patronage de la classe ouvrière par la classe ouvrière elle-même. Elle est libertaire dans le premier cas, elle est égalitaire dans le second cas, et s'appelle alors volontiers socialiste. (1)

Je ne crois pas qu'il faille condamner la coopérative égalitaire selon le type belge, car il est bien certain que la classe ouvrière a besoin d'être

(1) La coopération libertaire de l'École de Nîmes (Gide, de Boyve...) est appelée avec mépris « bourgeoise » par les socialistes politiques, et la coopération socialiste apparaît comme révolutionnaire à grand nombre de coopérateurs de l'École de Nîmes. Cela est curieux ; car l'École de Nîmes, voulant transformer entièrement la société par la coopération, considère vraiment celle-ci comme un outil révolutionnaire, tandis que les coopérateurs dits socialistes ne cherchent qu'à donner unité à la classe ouvrière, ce qui, quoique dans un but révolutionnaire, est essentiellement conservateur.

patronnée, et si elle se patronne elle-même, elle n'a rien à craindre pour sa liberté. Puis, pour arriver à la liberté, il faut que les ouvriers prennent conscience de leurs intérêts communs, ce qui ne peut se faire par les syndicats professionnels qui donnent plutôt conscience d'intérêts particuliers. A se fréquenter, à s'unir dans les coopératives, les ouvriers s'éduquent. L'égalitarisme dans les coopératives de consommation est donc une nécessité (sur laquelle je m'appuierai tout à l'heure en étudiant l'U. P. au point de vue financier), une conséquence de ce que les ouvriers sont égaux, plutôt que l'indication d'une lutte de classe ayant l'égalité générale comme but unique et direct.

Avec les syndicats, la lutte pour la liberté apparaît clairement. On sait d'ailleurs que les idées anarchistes y sont fort sympathiques. Le syndicat se donne comme but premier la défense des salaires, et veut ainsi donner à l'ouvrier une certaine indépendance économique sans l'aide obligatoire du gouvernement ; il intervient aussi fréquemment quand il s'agit de soustraire l'ouvrier à la tyrannie bienfaisante des patrons d'usine selon Le Play. Puis il veut se rendre maître du marché de la main-d'œuvre, et aussi organiser l'enseignement professionnel pour faire des producteurs capables. Il veut substituer le travailleur au propriétaire dans la direction de la production, beaucoup plus que faire des égaux en déplaçant, en socialisant la propriété.

Dans les U. P., c'est également de la liberté qu'il s'agit, et rien que de la liberté; l'auditeur ne désire pas se rendre l'égal en connaissances du conférencier, il demande que celui-ci lui fasse comprendre ce qu'est la liberté intellectuelle.

Elles sont nées après la lutte menée par une poignée d'intellectuels pour maintenir chez nous, contre les passions populaires, l'idée de justice. C'est en voyant ces hommes prouver la puissance de la liberté de l'esprit et du jugement que la classe ouvrière a compris la force et la beauté de cette liberté. Les U. P. donneront par cela même le sens de l'action politique générale, dont l'action électorale n'est souvent qu'une caricature ; elles permettront à la classe ouvrière de discerner la valeur intellectuelle véritable des gens, et de faire disparaître du monde politique socialiste les ambitieux et les envieux, de les remplacer par des hommes qui aimeront la liberté pour elle-même. (1)

(1) Dans une ville du Nord, avant les dernières élections municipales, les faux intellectuels socialistes, par tactique électorale, avaient aidé la formation d'une U. P. Mais arrivés au Conseil municipal, ils combattent maintenant l'U. P., et un des adjoints a prononcé ces paroles vraiment prophétiques : « Faites attention à ces gens-là ; ils nous préparent des successeurs. » — On sait la piteuse et même vilaine attitude des faux intellectuels du Parti socialiste pendant l'Affaire. Perdant totalement le sens des idées de justice, ils n'ont manifesté que leurs servitudes et leurs haines.

L'ÉGLISE ET LES U. P.

Les catholiques ont bien compris que les U. P. poursuivent exclusivement la liberté.

Lorsque, il y a deux ans, les U. P. donnaient le spectacle d'une paix sociale conclue entre bourgeois et ouvriers, ils se sont tenus sur l'expectative. Ils savent que partout où s'établit la paix sociale, partout où l'idée de lutte et d'affranchissement par soi-même disparaît, ils peuvent s'introduire utilement pour endormir les souffrances de la servitude dans la soumission dévote, pour les justifier par le spectacle des jouissances surnaturelles dont l'Église s'est rendue maîtresse. Et le mot d'ordre était de s'introduire dans les U. P. par la tactique habituelle, au nom de la liberté. (1)

Ils ménagèrent donc les U. P. Et quelques-uns y firent des conférences, sans protestation des auditeurs. C'était le temps où la classe ouvrière n'avait pas encore pris possession de l'institution que la bourgeoisie libérale avait fondée, où elle venait seulement écouter les conférences que les délégués des bourgeois fondateurs organisaient pour elle.

---

(1) Lire dans l'*Association catholique* d'avril et de mai 1900 deux articles de M. Sangnier-Lachaud.

Mais au faubourg Saint-Antoine, (1) un prêtre, l'abbé Denis, parla un jour. Il y eut des protestations très vives, des auditeurs firent un bruit violent et indécent.

On a beaucoup discuté sur « l'affaire Denis », tous les journaux s'en sont occupés. Deherme, dans son hebdomadaire, a écrit des articles contre les sectaires, et a fait faire à l'auditoire du faubourg Saint-Antoine des conférences sur la liberté, la libre discussion, la tolérance.

Je croirais volontiers que l'on a constamment discuté à côté de la question.

Qu'Urbain Gohier dans *l'Aurore*, et que l'Universitaire de *la Petite République* aient fulminé contre Deherme qui avait fait parler un prêtre devant son auditoire, cela n'a rien de surprenant, et cela n'apporte aucun élément pour un examen de la situation; ce sont tout simplement des autoritaires, des démagogues qui ont hurlé parce qu'une autre « parole de vérité » que la leur était prononcée au faubourg. Que Deherme se soit défendu énergiquement, c'est tout naturel, mais lui non plus n'importe pas extrêmement; s'étant

(1) La Coopération des Idées (157, faubourg Saint-Antoine), première U. P. véritablement constituée, fut fondée par quelques centaines de personnalités de la bourgeoisie libérale (Société des U. P.) qui se groupèrent autour de Deherme, et lui conférent la direction absolue de l'institution.

constitué, ayant été constitué éducateur sans contrôle de l'auditoire du faubourg, il a employé la méthode qui lui a semblé bonne; c'était son devoir de directeur absolu. Que Maurice Bouchor se soit élevé au nom de la raison contre la présence de l'abbé Denis, il a fortement répété ce qu'il va répétant partout en éduquant ceux qui l'écoutent, mais de lui, pas plus que de Deherme, ne dépend la solution. Que Séailles, Buisson, Wagner, Le Foyer (1)..... aient plaidé la cause de la liberté, cela ne nous apprend rien sur le régime des U. P., car ils sont restés dans l'abstraction, ils ont parlé pour la gloire de la liberté abstraite.

Ayant ainsi éliminé tous ceux dont le nom a été mêlé au débat, que reste-t-il pour trancher la question? Il reste ceux que personne ne s'est avisé de consulter publiquement, les auditeurs eux-mêmes des U. P.

Ceux-là, il est bien évident que la robe d'un prêtre les effraie, comme tous les symboles de la servitude qu'ils veulent vaincre. Mais quand ils ont manifesté brutalement contre l'abbé, ne croyez pas que leurs protestations ne s'adressaient rien qu'à lui, elles s'adressaient aussi à Deherme qui leur avait imposé cette présence, et ils ont, dans cette

(1) Le Foyer a publié une brochure : *la Tolérance dans les U. P.* — 0 franc 10 à la Coopération des Idées.

circonstance, fait ce que font tous ceux qui luttent contre quelque chose, ils ont personnalisé ce quelque chose, la lutte contre quelqu'un étant plus facile.

Dans une réunion de secrétaires d'U. P., qui eut lieu quelque temps après la conférence troublée de l'abbé, il ne fut pas autrement question de l'affaire que pour dire le peu d'intérêt pratique qu'il y avait à l'examiner.

Mais de ce jour, les auditeurs d'U. P. sentirent que pour atteindre à la liberté, il leur fallait prendre eux-mêmes la direction des U. P. et non plus la laisser à la bourgeoisie et à ses délégués; qu'il fallait en quelque sorte rompre la paix sociale. Un essaim se détacha de la Coopération des Idées pour se fixer en un autre point du faubourg. Et partout les secrétariats d'U. P. élus par les auditeurs se constituèrent plus fortement.

L'affaire de l'abbé Denis eut comme résultat de hâter la prise de possession des U. P. par la classe ouvrière.

Et alors les catholiques, les partisans de l'Église, comprirent qu'ils ne pouvaient pas pénétrer dans les U. P., pas plus sous habit laïque que sous habit de clerc.

Ils commençaient à organiser les syndicats jaunes; les patrons d'usine faisaient fonctionner depuis longtemps les économats. Il leur fallait encore fonder des institutions qui s'opposeraient directement aux U. P., ils le firent, ils ouvrirent des « Instituts populaires ».

L'étude des U. P. est donc précieuse pour étudier la lutte de classe pour la conquête de la liberté.

Il ne faut point envisager ici la liberté comme une abstraction dont la conception donne les plus pures jouissances intellectuelles, mais la considérer seulement dans ses réalisations successives par ceux qui luttent pour l'atteindre, et réaliser une liberté, c'est prendre une juste part dans la direction des institutions auxquelles on se soumet librement.

Par l'U. P. — et aussi par la coopérative d'une certaine manière — les ouvriers constituent des milieux où ils poursuivent des libertés réelles, et logiquement de ces milieux ils bannissent tous ceux qui, au lieu de vouloir la liberté, veulent l'autorité. Qu'ils y laissent pénétrer, un instant, quelqu'un qui leur vantera les beautés de l'autorité, cela, ils pourront le faire, par curiosité; dans une U. P. qu'ils dirigeront effectivement, peut-être un abbé sera-t-il un jour invité à parler pendant quelques heures; mais c'est qu'alors étant maîtres de l'institution, ils ne pourront la trouver dangereuse d'aucune manière; tenant eux-mêmes la liberté, ils oseront se laisser conduire par elle.

Aujourd'hui, ils ne veulent pas être conduits au nom d'une liberté qu'ils ne possèdent pas. Leur attitude paraît sage.

L'U. P. FORCE OUVRIÈRE

De ce qui précède nous déduisons deux conséquences prouvées par l'expérience et l'observation :

1° Les U. P. ne se forment point, là où n'existe pas un mouvement propre de la classe ouvrière vers son émancipation ;

2° Dans les U. P., à leur naissance, il se commet des erreurs considérables, des attentats à la raison, des attaques réitérées de mysticisme.

Bien souvent des gens excellemment intentionnés veulent fonder des U. P. Ils pensent qu'il suffit de créer les organes mêmes de l'institution pour que les ouvriers, jusqu'alors complètement isolés les uns des autres, se groupent à l'effet de s'instruire et d'atteindre à la liberté de l'esprit. Je n'ai pas connaissance qu'une seule fondation de ce genre ait vécu le moins du monde.

Ce qui a amené cette erreur sur la fondation d'une U. P., c'est la facilité avec laquelle se sont constituées les premières U. P. parisiennes. Mais il ne faut pas oublier les conditions toutes spéciales de Paris, avec ses multitudes de travailleurs depuis longtemps éveillés au désir de liberté par les continuelles agitations politiques ; il ne faut pas oublier la curiosité du Parisien, son goût pour tout ce qui est nouveau, ses instincts de flânerie, sa mobilité, qui le font entrer dans toute maison qui ouvre ses portes. A Paris, il suffisait, au début, qu'une douzaine de travailleurs s'associassent pour faire une U. P., immédiatement la foule arrivait. Seulement elle ne reste pas facilement où elle va, la foule ; elle sait maintenant ce que c'est qu'une U. P. Elle ne s'y intéresse plus. Les U. P. parisiennes vite formées sont moins solides que celles qui se sont péniblement formées en province ; et les toutes dernières fondées ont recruté leurs adhérents avec quelque peine ; elles n'en valent que mieux, d'ailleurs.

Pour qu'une U. P. subsiste, vive avec force, il faut que la classe ouvrière en voie bien clairement l'usage. Les U. P. fondées par des Bourses du travail, des Syndicats, que l'autoritarisme politique n'a pas atteints, sont certainement les meilleures.

Quand le sentiment de classe n'a pas créé le mouvement ouvrier dans une population ouvrière, et quand on veut fonder une U. P. en établissant des rapports amicaux entre intellectuels et ouvriers, ou bien on n'arrive qu'à fonder une Société d'instruction qui donne des conférences publiques, ou bien l'on dévie dans le groupement petit-bourgeois. Les résultats sont bons en eux-mêmes, mais il n'y a pas U. P. (1)

Dans les U. P., dis-je, l'on commet continuellement, au début, des attentats à la raison, on se laisse aller à des attaques de mysticisme. Cela n'a pas peu contribué à éloigner la bourgeoisie qui a pris peur.

Ceux qui, aimant vraiment la liberté et ayant confiance en ses vertus éducatives, ont suivi les U. P., savent que le mysticisme y diminue, que la raison y entre peu à peu.

Parce qu'il y a progrès, cela ne veut pas dire que la situation soit entièrement satisfaisante.

Mais il faut bien noter ici le caractère du mysticisme révolutionnaire pour donner une image convenable de l'U. P., organisation ouvrière entrant dans le bloc des institutions de classe menant la lutte pour la liberté. Ce mysticisme a des causes toutes naturelles, il ne témoigne nullement d'une maladie épidémique grave et dangereuse; il faut le considérer comme un des facteurs moraux réels et agissants de la lutte pour la liberté.

---

(1) C'est également à ces résultats qu'on arrive, quand le mouvement est artificiel, selon le mode purement politique, sous l'influence du Parti Ouvrier Français par exemple.

Il vient comme d'un éblouissement qui frappe l'homme jusqu'à présent continuellement courbé par le salariat, lorsque par instant il relève la tête. Bien des chansons, des poèmes disent le « chant du prisonnier » dans lequel le monde est dépeint sous les plus vives et radieuses couleurs dans une beauté surnaturelle, parce que la prison est lugubre, parce que la lumière n'entre que par une lucarne. De même le salarié idéalise jusqu'au surnaturel le monde où il doit travailler libre, et plus il peine et est misérable, plus sa Cité future est belle; les travailleurs pour lesquels la vie est la plus dure, les terrassiers, par exemple, ou les isolés, les cordonniers d'échoppe, etc., sont souvent anarchistes, parce que l'anarchie, plus que le collectivisme, encourage la rêverie mystique.

Je pense qu'il faut bien se garder de combattre brutalement cet idéalisme exaspéré, quoiqu'il soit mauvais, malsain même, d'une certaine manière; ce n'est qu'avec de grandes précautions qu'il faut toucher à ce rêve non seulement consolant de la réalité de la vie, mais aussi créateur d'une force réelle. Il faut seulement, avec une franche sympathie, sans détruire le principe même de cette force, la transformer, et amener les mystiques révolutionnaires à devenir des hommes d'action.

II

LES INTELLECTUELS DANS LES U. P.

Ce rôle éducateur appartient à une catégorie de gens bien définie, que j'ai déjà nommée plusieurs fois et dont je vais étudier le rôle en détail : les gens qui aiment la liberté pour elle-même, les intellectuels.

Par le rôle que doivent avoir les intellectuels dans les U. P., par leur camaraderie avec les travailleurs, il semble que nous puissions retomber à la première notion que l'on a eue de l'U. P. ; que nous puissions arriver à montrer une fusion de classe.

On ne pourrait dire cela qu'en remarquant que l'intellectuel porte souvent redingote et chapeau haut-de-forme, et qu'en concluant qu'il est un bourgeois.

En réalité, l'intellectuel en lui-même est indépendant de toute classe sociale ; le régime et la forme de la production n'ont point de rapports directs avec l'existence de gens qui savent s'élever jusqu'à la liberté de l'esprit. Ce qui est, c'est que les intellectuels, ne produisant aucune nécessité matérielle de l'existence, sont et ont toujours été dans la dépendance de la classe dirigeante de leur temps. Ils n'ont vécu que grâce aux nobles comtes du Moyen-Age, grâce aux rois de la monarchie administrative, ils ne vivent aujourd'hui que grâce à la bourgeoisie, à laquelle ils appartiennent économiquement, ou qui achète leurs livres, lit leurs articles de revue et de journaux, écoute leurs pièces, les charge d'un certain nombre de fonctions publiques, en particulier de l'enseignement et de l'étude désintéressée des sciences. Demain ils ne vivront que grâce aux travailleurs, constitués en classe dirigeante; comment? nous n'en savons rien, et il importe peu.

Et je pense que si, de même qu'au dix-huitième siècle les intellectuels sont allés vers la bourgeoisie, future classe dirigeante, les intellectuels d'aujourd'hui vont vers les travailleurs, cela est une indication sociologique importante de l'arrivée pas très éloignée des travailleurs à la direction générale de la société. Les U. P. sont fortement attaquées par les docteurs de la Révolution, qui ne peuvent ouvrir la bouche sans lancer avec énergie les mots de : « lutte de classe,... socialisation de etc... », comme si toutes leurs pensées tenaient en quelques formules. Ces théoriciens ardents et bornés me paraissent être de mauvais observateurs des phénomènes sociaux; et malgré leur assurance d'avoir fixé tout ce qu'il importe de fixer pour que les désirs populaires soient satisfaits, ils ne pourront empêcher que les intellectuels et les travailleurs se rapprochent par la simple logique des choses.

L'intellectuel vrai, il faut le considérer indépendamment de sa profession : il est écrivain, professeur, philosophe, sociologue, économiste, artiste, médecin, fonctionnaire, avocat, ingénieur, industriel... tout ce qu'on voudra. On doit le considérer également indépendamment de sa situation économique; il importe peu qu'il soit riche, aisé, pauvre ou misérable, son action est toujours la même. Il est un homme qui, aimant la liberté de l'esprit pour elle-même, veut très naturellement la donner aux autres. Sa valeur est variable, mais sa volonté toujours la même.

Quelques intellectuels vrais, peu nombreux, sûrs de leur intellectualité, ont été assez forts pour maintenir l'idée de justice pendant plusieurs années de tourmente politique; la classe ouvrière les honore, et leur demande de paraître à ses fêtes pour lui présenter fortement les quelques idées simples dont elle sent qu'il faut qu'elle se pénètre pour mener son œuvre à bien. Les autres, assez nombreux, cherchent encore eux-mêmes, en y consacrant méthodiquement leur vie, cette liberté de l'esprit que désire confusément et comme d'instinct la classe ouvrière ; ce sont des « apprentis intellectuels », si on peut dire, qui remplacent la sûreté des maîtres par une volonté ferme, et dont l'exemple est éminemment propre à faire naître la volonté dans la classe ouvrière. De leur passage dans les U. P. ils tirent profit personnel par les efforts désintéressés qu'ils y dépensent.

L'ENSEIGNEMENT

Les intellectuels interviennent principalement par l'enseignement. Déterminons leur méthode et le programme qu'ils suivent.

Presque toujours on a cherché comment des professeurs bénévoles pourraient dresser un programme méthodique d'enseignement, et là-dessus n'ont guère discuté publiquement que les professeurs eux-mêmes. Ce n'est pas ainsi qu'il faut voir les choses. Si l'U. P. est une institution ouvrière organisée pour la lutte des classes, pour la conquête d'une puissance publique, celle de l'enseignement — et c'est ce qui est, — il est bien évident que la responsabilité de l'enseignement doit appartenir non aux professeurs, mais à la classe ouvrière, c'est-à-dire aux administrateurs (ouvriers) des U. P., délégués de leurs camarades.

Cette idée que la direction de l'enseignement dans l'U. P. appartient aux administrateurs ouvriers, peu de gens se décident à l'adopter délibérément. L'on a généralement peur des usages de la liberté qui correspond à une responsabilité nouvellement reconnue.

Les faits sont là pour répondre ; dans les U. P. où elle est reconnue, et c'est la très grande majorité, les programmes vont en s'améliorant, ils tendent vers quelque chose de défini ; et ce quelque chose de défini, de stable, est fort différent de ce qui est partout où la direction de l'enseignement est restée entre les mains des professeurs. Il y a véritablement commencement de conquête, et par conséquent preuve d'un usage convenable de la liberté.

Ce qui nous mettra sur la voie pour déterminer le programme qui tend à se dégager dans les U. P., c'est l'examen du mysticisme révolutionnaire que j'ai signalé et dont j'ai dit qu'il pouvait se transformer en une force créatrice.

Des travailleurs désireux de liberté, se réunissant pour étudier, vont naturellement prendre comme base d'enseignement l'anticléricalisme ; (1) ils

(1) Lors de la fondation d'une U. P., certains ouvriers ont tout simplement demandé aux intellectuels de leur apprendre la Vérité ! c'est de l'anticléricalisme naïvement clérical.

demanderont à leurs professeurs de très nettement affirmer que l'Église est leur éternelle ennemie ; et quand ils l'auront terrassée dans ce qu'ils appelleront une discussion et qui ne sera en réalité qu'une suite d'affirmations, quand en même temps ils auront évoqué un état social futur en renchérissant les uns sur les autres pour le rendre plus beau, ils auront une impression excellente, une heure de réel bonheur, ils auront l'illusion d'être libres.

Les intellectuels vrais n'aiment pas se prêter à ce jeu un peu ridicule. S'ils se refusent de peur d'offenser la raison, de peur de déchoir, l'U. P. est compromise à tout jamais, il n'en restera que le souvenir de quelques réunions privées qui auront été exactement semblables aux réunions publiques. Mais s'ils savent se maintenir, et doucement habituer au langage de la raison, alors avec une grande rapidité, l'U. P. se formera comme il convient.

Ce dont ils doivent se convaincre, c'est qu'on les appelle pour leur poser des questions, et qu'à ces questions, quelque déraisonnables qu'elles soient, il faut répondre, quitte à se faire presque huer parfois s'ils ont la franchise trop brutale, quitte à n'être pas compris d'autres fois s'ils sont timides dans leurs réponses. L'important c'est qu'à toute question, il soit directement répondu.

Il y a eu dans les U. P. parisiennes des heures

mémorables ; la moindre conférence se terminait par un appel à la révolution sociale, l'auditoire exigeant toujours une conclusion s'accordant avec son idéal mystique. Les intellectuels ont tenu bon ; maintenant l'on y discute convenablement, la liberté de l'esprit apparaît.

Le programme d'enseignement se fixe donc par le fait que peu à peu la raison s'introduit dans l'anticléricalisme négatif et dans le mysticisme révolutionnaire.

De négatif, l'anticléricalisme devient positif, c'est-à-dire que l'enseignement des sciences naturelles et de la philosophie prend une grande extension. Au lieu de nier les croyances religieuses de l'Église parce que ce sont celles de l'Église, on les remplace par des affirmations scientifiques et on s'essaye aux affirmations philosophiques.

De mystique, l'idée révolutionnaire devient raisonnable, c'est-à-dire qu'on étudie avec quelque méthode les divers problèmes sociaux, les organisations ouvrières diverses d'autrefois et d'aujourd'hui, qu'on aborde la politique, l'économie sociale, l'histoire.

Ce fait que du chaos des idées anticléricales et révolutionnaires sort un programme homogène d'enseignement populaire me semble extrêmement important, et je ne vois pas de meilleur plaidoyer en faveur de la liberté que la transformation qui s'opère dans les U. P. parisiennes, quelque lente qu'elle paraisse aux gens pressés.

Je ne prétends point que ce programme, absolument logique, apparaisse clairement quand on feuillette les listes de conférences faites ; le désordre est grand encore aujourd'hui, car souvent la chasse au conférencier remplace toute méthode. (1) Il ne faut pas oublier que voilà deux ans seulement que les U. P. sont fondées. Mais je prétends que l'évolution des programmes, l'évolution dans la liberté, se fait bien dans la direction que j'indique.

Malheureusement nous ferons une constatation pénible. C'est que si l'on trouve d'une manière relativement facile des conférenciers ayant les qualités requises d'intellectuels, pour enseigner les sciences naturelles et la philosophie, pour faire de l'anticléricalisme positif, on n'en trouve point facilement pour aborder la politique et l'économie sociale, pour présenter l'histoire, c'est-à-dire dans les U. P. l'histoire des institutions sociales. Et alors le faux intellectuel affamé d'égalité, le démagogue a beau jeu pour maintenir l'état de mysticisme révolutionnaire qui lui assure des succès personnels et

(1) Ce qui permet aux faux intellectuels de s'introduire dans les U. P.

égoïstes, et qui prépare la révolution comme il la conçoit dans sa cervelle de pauvre.

Pour une partie du programme donc, les conférenciers manquent.

Cela s'explique en comparant ce programme des U. P. à celui de l'Université, suivant lequel, malgré tout, la plupart des intellectuels dressent le plan de leurs travaux personnels. Les conférenciers manquent où il y a divergence. Et pourquoi y a-t-il divergence ? Parce que les programmes actuels de l'Université sont ceux que l'Église a établis autrefois, avec les seules modifications qu'a apportées le progrès des sciences naturelles et de la philosophie.

La politique, l'économie, l'histoire des institutions sociales, l'Université ne les enseigne point ; (1) et comme, en les enseignant, elle mettrait en discussion les principes mêmes de la société, elle se taira jusqu'au jour où la classe des travailleurs sera devenue dirigeante. L'on aperçoit ceci : au lieu que les U. P. se modèlent sur l'Université d'État qui détient la puissance d'instruction publique, ce

(1) Je ne parle naturellement pas des programmes des Facultés; celles-ci étant devenues indépendantes de l'Etat, libres, c'est-à-dire laïques, ont développé l'enseignement de la même manière que font les U. P. D'où le mot d'enseignement populaire supérieur donné comme d'instinct à l'enseignement des U. P. dans les premiers temps.

sera l'Université qui s'inspirera de ce qui se fait dans l'U. P., qui souscrira aux volontés de la classe des travailleurs.

Il y aura eu alors conquête d'un pouvoir public par la lutte de classe.

Par réaction contre le désordre ordinaire des programmes, dans une U. P. l'on a voulu dès le premier jour adopter une méthode rationnelle d'enseignement. Naturellement les administrateurs ouvriers n'ont point pu fixer cette méthode, n'ayant aucune expérience des choses de l'enseignement. Ce sont des professeurs choisis avec soin et bonheur qui l'ont déterminée. Ils ont alors approprié au milieu ouvrier les programmes universitaires, ils ont organisé des cours réguliers s'étendant du commencement à la fin de l'année scolaire.

Les auditeurs goûtent cette manière de faire, en ce sens qu'un nombre très convenable d'entre eux se sont astreints au très dur, très volontaire, et très haut devoir de venir chaque soir travailler en écoutant la parole de maîtres estimés et justement connus comme purs intellectuels.

A voir le résultat directement appréciable, on pourrait donc approuver cette organisation de cours, quoique toutes les U. P. ne puissent trouver des professeurs s'astreignant ainsi de leur côté à préparer chaque semaine une leçon en suivant un plan formellement arrêté.

Mais ne semble-t-il pas qu'à agir ainsi, le but atteint sera de séparer de la classe ouvrière les meilleurs d'entre les ouvriers, en leur donnant la sensation qu'ils deviennent d'une intellectualité très différente de celle de leurs camarades ? Sous prétexte d'émancipation, de liberté on créera une hiérarchie nouvelle, une aristocratie intellectuelle parmi les travailleurs.

Dans les U. P. où l'enseignement n'est point donné sous la forme de cours, et où le programme est toujours varié avec le souci de satisfaire des auditeurs possibles, il y a mouvement continuel dans un auditoire constamment renouvelé ; chacun emporte de l'U. P. quelque idée qu'il s'est assimilée sans difficulté aucune, et cette idée, il peut la faire circuler parmi ses camarades. Il y a ainsi une très lente éducation de la classe ouvrière, et la formation insensible chez elle d'une intellectualité supérieure. Cette intellectualité ne se manifestera que chez des individus il est vrai, mais ceux-ci n'auront point un seul instant perdu contact avec leurs camarades, et c'est cela qui importe. Dans les U. P. au contraire où l'enseignement se donne au moyen de cours réguliers, l'auditoire se fixe d'une manière immuable ; ceux qui écoutent s'assimilent avec une telle rapidité les idées nouvelles qu'ils se différencient tout de suite d'avec leurs camarades, lesquels tomberont dans le mépris où l'on tient les ignorants quand on est en passe de se croire savant; les « étudiants » d'U. P. ne pourront que sentir se développer en eux un désir de commandement, au nom de la raison qu'ils commenceront à posséder sans avoir eu le temps de la répandre autour d'eux; ils formeront bien l'échelon intermédiaire entre les intellectuels et la foule, selon la hiérarchie rationaliste.

Dans les U. P. sans programme a priori, *les* travailleurs s'élèvent lentement vers la liberté avec l'aide des intellectuels; dans celles où les professeurs ont formulé eux-mêmes un programme, il y a seulement *des* travailleurs qui sont, par les intellectuels, rapidement élevés vers la liberté.

Les premières préparent un changement de la classe dirigeante, l'intellectuel étant absorbé par la classe des travailleurs. Les secondes préparent une théocratie rationaliste, si on peut dire.

On peut craindre avec épouvante une dictature intellectuelle qui supprimerait toutes les rares sensations qu'on éprouve à conquérir soi-même le sentiment de la liberté à travers les erreurs et les souffrances de l'esprit et il me semble que la classe ouvrière doit se méfier du socialisme universitaire et rationaliste qui est en train de s'élaborer, de s'organiser, bien qu'il soit de beaucoup supérieur à celui des démagogues. Le désintéressement vrai des gens n'est pas une raison suffisante pour se remettre à eux du soin de conduire ses affaires; il faut, avec tous les concours utiles, conduire ses affaires soi-même.

On peut envisager aussi les intellectuels au point de vue de la spécialité de leurs travaux, quand ils remplissent une fonction publique.

On devine sans peine l'importance de la catégorie « professeurs », surtout en province. Il est absolument inutile de nous occuper d'eux spécialement ; il suffit de dire qu'on s'adresse toujours à eux partout, et rarement en vain.

Mais parmi les intellectuels des carrières libérales, les U. P. demandent-elles tous les concours qu'on est prêt à leur donner ? Non. Et il y a là une observation à noter.

Les médecins, eux, sont demandés; ils parlent de l'hygiène et sont écoutés avec intérêt. Pour deux raisons : d'abord ils apportent, ainsi que les professeurs de sciences naturelles, des certitudes scientifiques, et l'homme qui poursuit son affranchissement aime rencontrer une autorité absolue qui lui permet de mieux saisir la relativité de l'autorité qu'il est en train de briser ; puis comme les règles de l'hygiène sont fort difficiles à suivre dans la population ouvrière, il y a, par les conférences sur l'alcoolisme, la tuberculose, les soins à donner aux enfants, démonstration indirecte que tout n'est pas pour le mieux dans la meilleure des sociétés.

On n'écoute volontiers ni les avocats, parlant des lois, surtout des lois dites ouvrières, ni les ingénieurs, parlant de la technique industrielle. Cela étonne souvent ; je trouve cela absolument naturel. Tous ces travailleurs qui viennent dans les U. P. n'ont aucun goût pour connaître les lois d'une société où ils se voient en servitude, et ils aiment encore mieux étudier l'esprit des lois que dans le code civil la classe dirigeante a écrites pour établir ses libertés, qu'étudier celles qui leur semblent concédées pour maintenir la servitude en l'adoucissant. Quant à la technique industrielle, ils s'en moquent absolument, pour cette bonne raison, que se constituer classe dirigeante, cela ne signifie nullement se transformer tous en directeurs d'entreprise.

Quant aux fonctionnaires d'État (magistrats, administrateurs financiers, officiers, etc.) on ne les conçoit pas parlant de leurs fonctions actuelles dans un milieu populaire, alors que ce sont eux qui transmettent à la classe ouvrière tout le poids de la société actuelle, et sont qualifiés d'agents directs de la servitude.

L'ÉDUCATION ARTISTIQUE

Les intellectuels agissent dans les U. P. autrement que comme professeurs enseignants, autrement que pour donner le sens de la liberté intellectuelle, de la raison.

Ils agissent aussi comme intellectuels d'art, pour éduquer les sensations, pour donner le sens de la beauté.

Ils ont là un rôle important, nécessaire, en symétrie de celui du conférencier enseignant qui éduque la raison.

Comment se formera le programme qu'il faut suivre ? de la même manière que le programme d'enseignement, c'est-à-dire en considérant l'état de la classe ouvrière à ce point de vue spécial, et non point en le déterminant a priori. Le mysticisme révolutionnaire contient une part considérable d'émotion, de sensation ; il faut savoir profiter de cet état émotif et sensible pour le transformer, l'épurer, le rapprocher de la réalité de ce qui est beau. Cette manière de faire est tellement naturelle qu'elle paraît avoir été suivie partout.

Cependant on peut faire une observation. Presque

tous ceux qui veulent aller dans les U. P., sans beaucoup connaître la classe ouvrière, pour y faire goûter la beauté d'une œuvre d'art (poésie, musique...) s'imaginent volontiers qu'ils y jouent comme un rôle consolateur, qu'ils viennent au milieu de ceux qui vivent dans le laid leur donner les premières joies du beau. Cette manière de comprendre les choses me paraît complètement fausse. La classe ouvrière n'a nullement attendu la venue des intellectuels d'art au milieu d'elle pour concevoir le beau, pas plus qu'elle n'a attendu les intellectuels de raison pour désirer la liberté ; il y a longtemps qu'elle est anticléricale, comme il y a longtemps qu'elle connaît l'émotion artistique, impure je le veux bien, par les chansons, par les drames de théâtre de faubourg, etc. La vérité c'est qu'elle ressent des sensations plus vives aux paroles et à la musique de l'*Internationale* qu'à des vers de Hugo et qu'à une symphonie de Beethoven — et aussi que dans ses rêves de cité future, avec son mysticisme, elle conçoit une beauté plus parfaite que celle que peuvent réaliser les plus grands artistes.

C'est le sens de la réalité de la beauté que l'on donnera à l'U. P., mais non point le sens de la beauté ; celui-ci, la classe ouvrière l'a déjà.

Si donc le problème qui se pose, c'est de donner

le sens de la beauté réelle, la partie d'art dans les programmes d'U. P. doit s'appuyer sur la critique, c'est-à-dire, somme toute, sur un enseignement. (1) Un poème ne doit pas y être lu, un chant ne doit pas y être chanté sans avoir été présenté, critiqué, sans que d'une manière ou d'une autre la beauté réelle qui s'y trouve, et qu'il faut découvrir, ait été rattachée à la beauté abstraite que le travailleur porte en ses rêves.

Et c'est bien ainsi que les choses se passent le plus généralement. (2)

Il n'est pas besoin de montrer longuement comment une soumission complète aux intellectuels d'art serait aussi mauvaise qu'aux intellectuels de raison. Au lieu d'aboutir à une servitude, on aboutirait à la révolte incohérente par l'exaspération de sensations ; ce serait aussi mauvais. Mais le danger ne paraît pas devoir exister.

Ici est l'endroit où il faut signaler une tendance dans les U. P., tendance intéressante mais qu'il faut combattre d'une certaine manière.

---

(1) Consulter les ouvrages de Maurice Bouchor sur les lectures populaires.

(2) On pourrait développer ceci que les lectures et auditions de poèmes et de musique ont une influence réelle pour transformer l'anticléricalisme négatif en positif; c'est-à-dire pour montrer, avec l'inspiration religieuse et catholique de la poésie et de la musique d'autrefois, comment l'Église est détestable principalement parce qu'elle est contraire à l'état social qu'on veut réaliser aujourd'hui.

Les auditeurs d'U. P. ont par exemple manifesté le désir que les grandes fêtes aient lieu par les seules ressources qu'on trouve en eux, comme cela se fait pour les soirées qu'ils s'offrent dans l'intimité de leurs salles respectives, périodiquement. Or il est certainement excellent que des gens qui se réunissent constamment trouvent en eux-mêmes le moyen de satisfaire leurs désirs, et plus les U. P. mettront en évidence d'individus capables d'amener de la joie saine parmi leurs camarades, mieux cela sera. Mais de là à conclure qu'une fête doit avoir lieu sans le secours de véritables artistes, il y a une grande différence.

La vérité, on ne saurait trop le redire, c'est que l'artiste, qui est intellectuel s'il est artiste véritable, est indépendant de sa situation économique, qu'on le trouve dans les milieux prolétariens, et qu'il est naturel de favoriser celui qu'on y trouve, mais que le caractère prolétarien d'un artiste ne donne aucunement une valeur particulière à la présentation d'une œuvre quelconque.

Autrement nous remplaçons la lutte de la classe des producteurs pour la liberté, par la lutte de l'ensemble des pauvres contre les gens riches ou simplement économiquement indépendants, par la lutte jalouse des manuels contre les non-manuels.

Que dans les U. P., on s'essaie à interpréter des

œuvres pour le mieux, on ne peut faire travail plus utile pour la diffusion du beau, pour l'éducation des sensations esthétiques ; qu'il s'y forme des chorales, des troupes de théâtre, la chose est de tous points excellente. Mais qu'on ne s'imagine pas créer ainsi un art nouveau qui devra remplacer un art ancien, « l'art bourgeois ».

La réussite de ces tentatives montre clairement les progrès de l'éducation, mais nullement la nécessité ou l'utilité de faire disparaître ceux qui sont déjà éduqués. Et une pièce ou une page musicale exécutées par des gens qui ont acquis un talent sûr, vaudront toujours mieux pour une U. P que quand elles seront exécutées par des membres d'U. P. pleins de bonne volonté mais sans talent.

De même, il est excellent que des travailleurs fassent des conférences à leurs camarades dans les U. P., leur enseignent les réalités de la lutte, leur parlent des syndicats, des coopératives qu'ils dirigent ou sont aptes à diriger, mais il serait déplorable que ce fût à des travailleurs seuls que revinssent les idées générales. A chacun son métier.

Nous sommes arrivés aux conclusions suivantes que je crois nécessaire de fixer ici :

L'U. P. est une organisation qui, par la logique

même des choses, est devenue rapidement essentiellement ouvrière, en orientant la lutte de classe vers la liberté.

Elle a donné des preuves de sa capacité à conquérir le pouvoir public de l'enseignement (et d'éducation artistique) en aboutissant assez rapidement à un programme d'instruction adapté exactement aux conditions de la classe ouvrière, sans pour cela se soumettre à la direction effective des milieux intellectuels.

III

VIE ET FONCTIONNEMENT DE L'U. P.

Ce sont les éléments moraux qui entrent dans la composition d'une U. P. que je viens de présenter, d'analyser ; il faut présenter et analyser les éléments réels, c'est-à-dire montrer comment l'institution vit et fonctionne selon les principes exposés.

Tout de suite la question se pose de savoir comment des ouvriers et des intellectuels peuvent se réunir, les premiers se formant au contact des seconds, et comment cependant la direction de l'institution appartient à la classe ouvrière. Et cette question se pose curieusement, parce que nous sommes arrivés à un tel état d'esprit démagogique, sous l'influence des luttes politiques, que nous ne concevons que le suffrage universel comme principe de tout gouvernement démocratique, et aussi parce que, devant le spectacle habituel de la lutte des individus pour acquérir la propriété individuelle, nous définissons la classe ouvrière par la somme des ouvriers.

Mais précisément nous pouvons mettre en doute

l'excellence du suffrage universel pour gérer les intérêts d'un groupe, d'une catégorie, d'une classe, d'une nation même. Et les intérêts de la classe ouvrière ne sont nullement la somme des intérêts personnels de chacun des travailleurs, car l'intérêt personnel d'un ouvrier aujourd'hui est d'acquérir la propriété.

Prenons un syndicat professionnel par exemple ; jusqu'au moment où quelques démagogues l'auront rendu obligatoire, il ne contiendra jamais qu'un nombre restreint des travailleurs du métier; cependant il représente bien leur ensemble, parce qu'il sait représenter les intérêts professionnels indépendamment des intérêts de chacun. Et comme il n'agit pas en vertu de la loi des majorités, sa force est surtout morale, elle disparaît dans toutes les entreprises où elle cherche à s'appliquer contre ce qui est la vérité. Quand un syndicat est trop faible numériquement, il ne peut rien, c'est évident. Mais quand il grandit trop rapidement, quand il se forme pour une grève, quand lors d'une grève sa direction passe de la minorité consciente de la lutte lente pour la liberté à la foule inconsciente et mystique, alors il devient autoritaire, et, pouvant trop, il n'aboutit à rien, parce qu'il applique sa force contre la vérité.

Voilà un premier exemple de ceci qu'il y a autre

chose que le suffrage universel pour gérer des intérêts généraux ; c'est le groupement libre des meilleurs, des capables.

Ce seront les U. P. qui fourniront le deuxième exemple. (N'oubliez pas que les syndicats et les U. P. sont les institutions qui seules représentent vraiment aujourd'hui la lutte de classe pour la liberté, pour la direction de la société.)

J'ai montré comment c'est du mysticisme révolutionnaire lui-même qui pénètre la classe ouvrière que sont sortis les programmes qui tendent à s'imposer dans les U. P. Ils ne se trouvent donc pas déterminés pour satisfaire les besoins personnels de quelques individus appartenant à la classe ouvrière, mais bien pour s'adapter à l'état d'esprit général. Viennent dans les U. P. ceux qui veulent ; ce sont ceux qui ont le plus grand désir de développer leur intellectualité, laquelle est celle de la classe ouvrière ; ce sont en quelque sorte des délégués qui se délèguent eux-mêmes à l'instruction publique ; ce sont ceux dont le désir crée la capacité ; ils déterminent, selon la vérité, les matières qu'il est bon d'enseigner et les méthodes qu'il convient d'appliquer, non point par un acte autoritaire, mais par le fait même qu'ils désertent l'U. P. et fuient le professeur, si dans l'U. P. le professeur ne fait point ce qu'il faut faire.

Je ne vois pas d'exemple qui prouve mieux comment la liberté individuelle est capable de former des institutions sociales.

ORGANISATION INTÉRIEURE

Mais il faut un lien entre les travailleurs qui traversent librement les U. P., et les intellectuels qui viennent y exercer leur influence. Il faut donner à l'U. P. une forme quelque peu administrative.

Plusieurs procédés ont été essayés ; ils répondent exactement à des situations diverses, puisqu'ils ont tous réussi. Dans certains endroits, c'est la liberté absolue, organisée par l'usage et les mœurs, et maintenue par la tradition ; un groupe initial d'individus s'est formé qui dirige l'œuvre commune pour tous ceux qui viennent ensuite ; et le groupe se renouvelle par le jeu naturel de la vie ; ceux qui remplissent les fonctions précises de secrétaire et de trésorier sont désignés par la volonté générale sans que celle-ci se manifeste par un vote. Cette manière de faire correspond à un état supérieur de l'esprit que l'on ne trouve vraiment que dans les milieux anarchistes ou syndicaux toujours restreints en étendue. Aucune distinction réelle ne se fait entre intellectuels enseignants et auditeurs, parce que ceux-ci sont arrivés déjà à une grande liberté intellectuelle. Les U. P. qui vivent ainsi sont ignorées du grand public.

A elles s'opposent les U. P. qui réunissent des ouvriers fortement lancés dans le mouvement socialiste politique. Les mœurs parlementaires y règnent avec éclat, et aussi avec le léger ridicule des choses qui ne sont pas à leur place. On y nomme par suffrage un conseil d'administration, cela, c'est parfait ; mais on cherche aussi à le renverser comme un simple ministère ; l'U. P. retentit constamment de bruits de couloir. Il y a une forte teinte de démagogie ; le dogme est que la majorité a toujours raison et la majorité change constamment. Pourtant ces U. P. vivent, et en gagnant peu à peu d'autres mœurs, elles prouvent que l'usage de la liberté est salutaire, même chez des fous ; presque toujours l'autorité démagogique a cédé devant la raison, au moment précis où le danger apparaissait que l'U. P. allait s'anéantir elle-même. Le bruit qui se fait dans ces U. P. parvient au public.

Dans certaines, l'organisation est complexe. Les fondateurs ont froidement examiné les forces sociales en présence, qui, selon qu'ils s'y prendraient d'une manière ou d'une autre, hausseraient l'institution ou la feraient choir. Tout d'abord, le conseil d'administration comprend donc des délégués des intellectuels, et des délégués des ouvriers.

Puis les Syndicats, les Coopératives et la Municipalité auront aussi leurs délégués, afin de se les rendre favorables. Sans vouloir rien dire d'absolu et nier les circonstances locales, on peut critiquer la présence de ces derniers délégués ; si on a cru bon de se rendre favorables certaines puissances locales, c'est qu'elles sont d'esprit autoritaire, alors leurs délégués introduisent des mœurs mauvaises dans l'U. P.

Voici comment les choses se passent dans les U. P. dont la conduite me semble la meilleure, et qui réalisent les idées générales précédemment présentées :

Ce sont les auditeurs dont l'assiduité est réelle (1) qui nomment seuls un conseil d'administration dont les membres sont choisis parmi eux, et nullement parmi les intellectuels. La direction de l'U. P. est donc ainsi uniquement entre des mains d'auditeurs. On comprend alors comment les programmes passent peu à peu de l'incohérence à la méthode, sans se formuler d'une manière absolue, en restant continuellement à l'état d'esprit de l'auditoire. Mais en même temps que les pouvoirs sont ainsi entre les mains d'auditeurs, quelques intellectuels, deux,

(1) Généralement dans une U. P. il y a deux sortes de membres : les *adhérents* qui sont tous les auditeurs qui se présentent, et les *actifs* qui, choisis selon certaines formalités, ont seuls droit à une part de direction, à l'électorat des administrateurs.

trois, quatre au plus, viennent régulièrement, se tiennent au courant de ce qui se passe, sont consultés, et généralement exactement écoutés.

Le rôle consultatif des intellectuels, voilà qui semble la vérité.

Le nombre des administrateurs est fort variable. S'il est faible, la besogne se répartit librement, et les formalités administratives n'apparaissent pas. S'il est considérable, le conseil nomme des fonctionnaires, en particulier un secrétaire entre les mains duquel tous les pouvoirs se centralisent vite, et dont la valeur individuelle importe extrêmement; c'est du choix du secrétaire que dépend le sort de l'U. P. Il convient de remarquer que jusqu'à présent les secrétaires d'U. P. ont toujours été désignés d'après la capacité, et que leur élection se fait au second degré.

LE CERCLE ET L'U. P.

Arrivons à la question qui pour les U. P. est peut-être la plus actuelle de toutes : les finances, le budget.

En commençant j'ai dit que les U. P. sont nées d'un rapprochement entre la bourgeoisie et la classe ouvrière. C'est là l'origine de bien des mécomptes pour elles, c'est-à-dire pour ceux qui les dirigent par délégation de la classe ouvrière. Car la bourgeoisie, s'étant retirée assez brusquement, a retiré ses ressources financières; or celles-ci sont nécessaires, du moins avec le type premier de l'U. P.

Nous avions en effet défini ainsi l'U. P. il y a deux ans :

Une association laïque, qui se propose de développer l'enseignement supérieur populaire, qui poursuit l'éducation mutuelle des citoyens de toutes conditions, qui organise des lieux de réunion où les travailleurs puissent venir, leur tâche accomplie, se reposer, s'instruire et se distraire.

Cette définition, c'est entre bourgeois rêvant loyalement et sans arrière-pensée de fusion de classe que nous l'avions rédigée. Elle est devenue absolument fausse, depuis que, par la simple logique des choses, la bourgeoisie a abandonné les U. P. à la classe ouvrière qui s'en sert comme j'ai dit. S'il me fallait aujourd'hui donner une définition de l'U. P. en quelques lignes, ce qui certainement n'est pas absolument nécessaire, je dirais :

Une association ouvrière, (1) *qui se propose de déterminer l'enseignement convenant aux travail-*

(1) Le mot *laïque* devient inutile du moment qu'il n'y a plus fusion de classes. Il était autrefois nécessaire pour marquer que la bourgeoisie coopérante était sincère.

leurs libres, qui poursuit l'éducation de la classe ouvrière pour la rendre apte à concevoir et à réaliser la liberté.

Et je ne parlerais aucunement de lieux de réunion. Il faut absolument différencier l'U. P. d'avec les lieux de réunion pour travailleurs venant, leur tâche accomplie, se reposer, s'instruire et se distraire.

Ces lieux de réunion sont de conception bourgeoise, hautement loyale c'est évident, mais cependant contraire aux intérêts vrais de la classe ouvrière ; ils impliquent nettement l'idée de patronage, à cause des ressources financières qu'ils nécessitent ; et ainsi ils rompent l'unité de la classe ouvrière libre, établissant une transition entre elle et la classe ouvrière catholique. La bourgeoisie libérale retourne doucement à M. Méline avec Cornély ; il est inutile qu'elle emmène avec elle une partie de la classe ouvrière, lui donnant l'habitude de passer l'éponge sur les misères individuelles ou sociales, sur les crimes ou injustices qui les engendrent.

L'U. P. a une fonction parfaitement définie par l'enseignement et l'éducation. Elle n'a point directement elle-même, en tant qu'U. P., à se préoccuper de repos et de distraction.

Mais ceci posé, cela ne doit pas nous empêcher

de rechercher où se tiendront les U. P., et de marquer l'intérêt qu'elles ont d'avoir un local à soi.

Quelle est la raison pour laquelle les U. P. cherchent à avoir un local propre? C'est pour créer, en dehors de tout enseignement, un centre de camaraderie, un endroit où l'on ne viendra pas dans le but immédiat de se reposer et de se distraire, mais où l'on viendra parler, dans le calme et la tranquillité, des événements du jour, où l'on établira une causerie permanente propre à amener par la liberté une certaine unité d'esprit.

Cette raison est puissante. Le *Cercle de travailleurs* (1) semble une institution au moins aussi bonne que l'U. P.; et il est naturel que l'U. P. et le Cercle de travailleurs — qui sont deux choses différentes, qui se distinguent parce que l'intellectuel joue dans l'une un rôle direct, et ne paraît pas dans l'autre, — s'unissent et se prêtent mutuellement appui, que le Cercle offre normalement son local à l'U. P. pour qu'elle y donne ses séances au lieu de les donner, comme cela arrive, dans des locaux municipaux ou des Bourses du travail.

Il existe des Cercles d'ouvriers : l'un par exemple dans le département de la Loire, où l'on discute

(1) Ne pas confondre avec le cercle ouvrier catholique ou patronal.

entre ouvriers des articles de revues et de journaux, et bien d'autres évidemment.

A Saint-Claude, au siège de cette si intéressante Fédération du Jura, il existe un Cercle du Travail d'une part, et d'autre part une U. P., c'est-à-dire un organisme spécial chargé d'organiser des conférences d'instruction générale. Il y a là un dédoublement parfaitement rationnel, qui prouve que ce n'est pas par un simple effort d'analyse qu'on peut distinguer l'U. P. du Cercle.

Et alors pour satisfaire ceux qui ne peuvent concevoir qu'on installe une U. P. ailleurs que dans un Cercle, qui par conséquent assimilent l'institution d'enseignement au local où il est préférable et naturel qu'elle fonctionne, qui gardent la définition première de l'U. P. en l'interprétant seulement avec l'esprit convenable, j'en arrive à me demander comment peut vivre normalement un cercle quand une cotisation fixe ne suffit pas, ce qui est le cas général.

Dans toute association, il y a cotisation. Dans les U. P. la cotisation est en général de 0 franc 50 par mois, le budget n'est donc point considérable ; 200 membres fournissent 100 francs par mois, c'est largement suffisant pour les frais nécessaires (imprimés, correspondance, organisation de fêtes, frais généraux des promenades collectives, abonnements à des journaux et revues, bibliothèque...), mais normalement insuffisant pour supporter en sus le paiement du loyer d'un local convenable. (1)

Si donc elles veulent payer un loyer, elles doivent chercher des ressources complémentaires. C'est alors que peuvent intervenir, soit des personnes convenablement riches aimant la liberté pour elle-même et ne craignant point d'aider financièrement la classe ouvrière sans prétendre la diriger, soit des associations ouvrières telles que les coopératives de consommation qui peuvent faire le sacrifice nécessaire et le font par compréhension des intérêts généraux de la classe ouvrière. (2)

---

(1) Certaines U. P.-Cercles de Paris vivent de leur cotisation, péniblement il est vrai, mais elles vivent. Seulement elles dépensent un travail gratuit considérable de leurs administrateurs, qui n'hésitent pas par exemple à poursuivre les membres chez eux pour recouvrer les cotisations en retard, et elles invitent avec succès à majorer la cotisation ceux qui peuvent le faire.

(2) Jusqu'à présent ce sont des personnes convenablement riches qui interviennent, qui sont intervenues. Il y a des U. P. autour desquelles se sont formés comme des cercles de protection véritablement libérale, plusieurs personnes donnant leur garantie financière; dans une grande ville de l'Est, dans une grande ville normande, il s'est trouvé deux hommes qui ont fait construire ou aménager les locaux convenables, et ne perçoivent un modique loyer que parce que l'U. P. l'a exigé.

Je ne connais qu'une coopérative qui loge une U. P.

Combien il y aurait à dire sur les coopératives ouvrières, ou plutôt contre elles, quelle rigueur pourrait-on montrer en signalant les tendances tristement égoïstes ou vilainement politiciennes qui seules y existent! Deux U. P. parisiennes ont été conduites, pour boucler leur budget, à fonder elles-mêmes des coopératives.

Beaucoup d'U. P. se logent avec les syndicats. Quelques-unes s'entendent avec d'autres sociétés locales pour avoir un local en commun.

Le premier procédé ne me paraît pas devoir être considéré comme normal ; et d'autre part on peut faire peut-être mieux qu'obtenir l'aide des grandes ou petites coopératives. Ce qui conviendrait vraiment, c'est la vie autonome des Cercles de travailleurs prenant la place des cabarets.

Il y a longtemps qu'on a remarqué que la puissance financière de la classe ouvrière n'était point dans l'impôt direct, mais dans l'impôt indirect, qu'elle était seulement dans sa puissance de consommation. Remarquons-le à notre tour après les hommes politiques qui veulent en France demander aux coopératives les moyens de s'élever au pouvoir, après le Parti socialiste belge qui par ses coopératives a su si remarquablement organiser le patronage de la classe ouvrière par la classe ouvrière elle-même (théâtres, cercles, secours en cas de maladie, de chômage, retraites, etc., etc.). Et comme nous sommes en France, c'est-à-dire dans un pays où le désir de liberté est tel que l'on craint d'instinct les vastes associations politiques ou économiques comme celles de Belgique, où l'on préfère les petits groupements indépendants de toute autorité centrale, cherchons comment chaque Cercle peut vivre en s'appuyant isolément sur la puissance de consommation de la classe ouvrière.

Nous trouvons immédiatement : une U. P.-Cercle

de la banlieue parisienne trouve des ressources convenables dans le fonctionnement d'une buvette (de tempérance); une grande U. P. parisienne vit dans un local annexe de celui d'un restaurant coopératif.

Selon moi, la buvette et le restaurant coopératif ont un grand avenir; ce sont eux et non directement l'U. P. comme on a dit par confusion avec le Cercle, qui pourront réaliser ce grand progrès de la classe ouvrière : la conquête et destruction du marchand de vin. (1)

Et maintenant que les U. P. ont pris place parmi les organisations ouvrières, après que personnellement j'ai tant insisté — par une erreur que je ne regrette pas trop — pour que partout l'U. P. possédât son local propre, je suis tenté de dire que les œuvres à faire, ce sont les buvettes et restaurants coopératifs qui soutiendront les U. P. toutes chancelantes faute des ressources financières que nécessite leur conception initiale. (2)

---

(1) Il existe plusieurs restaurants coopératifs; malheureusement on y consomme beaucoup d'absinthe syndicale; ils s'amélioreront.

(2) La consommation de nourriture et de boisson n'est pas la seule qui puisse faire vivre les Cercles et favoriser ainsi l'action des U. P. Il y a aussi la consommation de lecture, qui est grande, et qu'il est fort intéressant de considérer dans l'état lamentable où est la presse socialiste ou simplement démocratique. Il est intéressant d'envisager les Cercles-Restaurants-Buvettes-Librairies qui pourraient s'installer à chaque carrefour de Paris et des grandes villes. Déjà dans quelques U. P. s'est organisé un service de vente de brochures.

Ainsi que toutes les institutions coopératives, le Cercle, buvette ou restaurant, apparaît comme une institution de patronage de la classe ouvrière par la classe ouvrière elle-même ; et ce genre de patronage paraît absolument bon; il sauvegarde la liberté des travailleurs, facilite la lutte de classe en rapprochant les ouvriers dans des conditions excellentes au point de vue économique, hygiénique et moral, et, fondé sur l'égalité réelle et positive, donne un ferme soutien aux institutions qui, comme l'U. P., veulent poursuivre la lutte pour la liberté.

Il est fort délicat de parler de l'avenir des U. P. Que vont devenir les U. P. qui existent aujourd'hui tant à Paris que dans les départements ? Un bon nombre mourront, c'est certain, soit parce que les ressources financières leur manquent et qu'elles ne peuvent payer le loyer du Cercle jugé nécessaire, soit parce que l'influence raisonnable des intellectuels ne se fait pas sentir. Cela n'a qu'une importance médiocre ici pour nous ; examinant la formation d'une institution nouvelle dont on commence seulement à entrevoir le but et les destinées, nous ne pouvons nous étonner qu'il y ait eu des erreurs commises dans les organisations locales, et nous arrêter à les déplorer.

Car nous sommes en droit d'affirmer que l'institution même durera, parce qu'elle ne vient point du simple caprice de quelques hommes, parce qu'elle répond à un mouvement historique réel, celui de la classe ouvrière montant vers la direction de la société, vers la liberté.

L'U. P. évoluera ; elle achèvera de perdre les caractères que lui a donnés la bourgeoisie ; elle s'adaptera mieux qu'aujourd'hui au mode de la vie ouvrière. Comment ? l'expérience seule nous le montrera, et pour cette évolution interviendront un grand nombre de facteurs dont quelques-uns seulement ont été cités ici. On sait l'état lamentable du Parti socialiste aujourd'hui, sa poursuite d'une unité étroite, pour laquelle les individus les meilleurs comme les pires dépensent leurs forces, l'immoralité flagrante de la presse que lit la classe ouvrière ; on sait aussi les tendances fédéralistes qui commencent à faire leur apparition, l'idée qui vient d'unir les institutions ouvrières d'une même ville, d'une même région, et la fondation de journaux ouvriers locaux. On comprend que la lutte qui se manifeste là entre la centralisation et le fédéralisme, les vilenies des centralisateurs et les gaucheries et maladresses des fédéralistes, auront une influence considérable sur le développement et l'évolution des U. P.

Vouloir en effet soustraire les U. P. aux influences diverses qui se manifestent dans le mouvement ouvrier, ce serait folie. Ce serait aussi une erreur grave, une faute lourde. Il faut que, au risque d'y périr, les diverses U. P. jouent leur rôle ; que, au risque de se corrompre, elles cherchent à influer sur le développement des autres institutions ouvrières, politiques ou économiques. L'on a dit qu'au moment où il a fallu maintenir les principes de justice et de liberté individuelle, les intellectuels sont sortis de leur « tour d'ivoire », et l'on a conçu de grandes espérances de leur participation à la vie publique; il ne faudrait pas que les U. P. devinssent des tours nouvelles où des hommes de la classe ouvrière s'enfermeraient avec des intellectuels. Qu'au moment de leur naissance, leur vie soit tout intérieure, c'est nécessaire; mais, quand elles sont grandissantes, elles doivent témoigner de leur force en intervenant partout où il faut maintenir les principes de justice et de liberté, elles doivent avoir une vie extérieure; sans quoi, elles ne mériteraient aucun intérêt.

Dans les départements, il semble bien qu'elles commencent à jouer ce rôle; à Paris, elles ont su affirmer en plusieurs occasions leur force extérieure (campagne contre l'emploi du blanc de céruse, mouvement de sympathie vers les étudiants russes...).

Pour agir ainsi extérieurement, elles ont à envisager quels liens les uniront entre elles, quels liens les uniront aux autres institutions ouvrières.

Entre elles, une vaste fédération est impossible, car fédérer un aussi grand nombre d'organisations éparses aboutirait, soit à une centralisation mauvaise dont Paris seul profiterait, soit à une union tellement lâche qu'elle serait sans utilité. Ce qui semble devoir se faire, ce sont des fédérations régionales (dont une pour le département de la Seine); on conçoit les U. P. de villes voisines s'unissant utilement, travaillant ensemble à des fondations d'U. P. dans les centres intermédiaires, organisant des tournées dans les campagnes, se prêtant leurs conférenciers, se rendant visite.

A Paris, la fédération pourra se faire assez rapidement, dès que chaque U. P. aura résolu pour elle-même la question budgétaire. Dans certaine région provinciale, elle se prépare.

Pour l'œuvre de consolidation des U. P., par la fédération, et par tout autre moyen, il y a une Société qui peut rendre des services, c'est la Société des Universités Populaires. Elle s'est fondée au moment où la bourgeoisie s'était rapprochée de la classe ouvrière, et elle n'a réuni que des individualités bourgeoises ; elle ne doit donc point intervenir directement dans la conduite des U. P., lesquelles sont ouvrières. Mais précisément parce qu'elle réunit des gens qui aiment la liberté pour elle-même, et veulent que la classe ouvrière conquière son émancipation, elle peut jouer, vis-à-vis de l'ensemble des U. P., le rôle que j'ai attribué aux intellectuels isolés vis-à-vis de chaque U.P. : un rôle consultatif.

Que la Société des U. P., sans prétendre à aucune direction précise et immédiate, aide les U. P. de toutes les manières utiles : qu'elle réunisse les forces intellectuelles pour les faire pénétrer dans la classe ouvrière, tout en laissant celle-ci maîtresse de ses destinées et de ses institutions. Voilà ce qu'elle peut et doit faire, sans réunir autour d'elle, étroitement, organiquement, les U. P. institutions ouvrières.

Quant aux liens qui pourront et devront exister entre une U. P. et les autres institutions ouvrières de la même localité, il est prématuré d'en parler, car nous ne possédons que peu de données expérimentales; il ne nous suffit pas de savoir que plusieurs Bourses du Travail ont fondé des U. P., et qu'*une* Coopérative loge une U. P.

Et sur quoi il importe avant tout d'insister aujourd'hui, c'est sur ceci que parce que l'U. P. est l'institution la plus récente et la plus faible aujourd'hui, il n'y a aucune raison cependant pour qu'elle se soumette aux autres institutions politiques et économiques. Elle a comme but essentiel de maintenir le principe de liberté au milieu des événements divers qui marquent la lutte de classe; et travaillant pour sa part à développer la conscience ouvrière, son besoin paraît être de rappeler que l'union de toutes les forces peut et doit se faire sans servitudes nouvelles, que l'ordre et la méthode peuvent et doivent s'établir sans créer de nouvelles hiérarchies sociales, et que si dans le grand mouvement d'émancipation de la classe ouvrière, celle-ci perd un seul instant le souci de la liberté, le mouvement n'aboutira pas.

Le Gérant : CHARLES PÉGUY

Ce cahier a été composé et tiré au tarif des ouvriers syndiqués

IMPRIMERIE DE SURESNES (G. RICHARD, administrateur), 9, rue du Pont. — 5028

Guieysse me pardonnera d'employer à ce témoignage personnel quelques morceaux d'un cahier qui lui revenait tout entier, d'une couverture que je voulais attribuer à Pages libres.

---

critiqué très durement dans ces cahiers mêmes. Je recommencerai aussitôt qu'on pourra le faire honnêtement. Je suis l'adversaire le plus résolu de son ministérialisme et d'un certain parlementarisme qu'ils ont. Mais il ne s'agit pas de cela.

Il s'agit d'un guet-apens vulgaire et d'un assassinat concerté. On dit dans les salles de rédaction, mauvais lieux, et on répète qu'on le tient cette fois, qu'on l'attendait là, qu'on va lui casser les reins, qu'il faut qu'il en crève, et qu'il n'en revienne pas, et qu'on n'entende plus parler de lui. Et devant les gueulements de tous les chiens de toutes les meutes certains amis se taisent, attendent, écoutent la voix de la sagesse.

Qu'il me soit donc permis de renouveler formellement à Jaurès l'assurance de mon ancienne amitié. Elle vaut ce qu'elle vaut. Elle n'est pas l'amitié d'un puissant de ce monde. Elle est rugueuse. Mais elle est gardée contre certaines amnésies. L'homme qui s'est littéralement épuisé le corps et la force dans la grande grève de Carmaux, l'homme qui s'est épuisé dans l'affaire Dreyfus mérite qu'on le combatte loyalement. Et tout homme a droit qu'on le combatte loyalement.

Je prends donc date et je m'inscris pour ceci : que j'attends pour dire tout ce que je crois avoir à dire sur et contre la politique de Jaurès, la tactique de Jaurès, l'action de Jaurès, la philosophie de Jaurès, la théorie et la pratique de Jaurès, que la ruée odieuse des barbares et des ingrats, des muffles et des envieux, des nationalistes et des antisémites, et des militaristes, des brutes et des rageurs, des ennemis et des faux amis se soit un peu apaisée.

Enfin je m'inscris pour ceci : J'admire plus que personne l'ardeur de M. Gohier. Je déclare qu'il a eu un talent presque unique. J'ajoute qu'il a eu très souvent raison. Il peut redevenir un des soutiens de la République. Mais s'il se met sur le pied de nous mener dans la démence par la terreur de la dénonciation, je ne marche pas.

Je ne veux pas engager les cahiers dans une aussi grave déclaration personnelle. Mais on admettra qu'ayant sauvegardé ici autant que j'ai pu toutes les libertés, et la parfaite liberté de tous nos collaborateurs, je sauvegarde aussi la mienne.

Charles Péguy

Nous mettons ce cahier dans le commerce ; nous le vendons un franc.

Nous en fournissons huit cents exemplaires à la Société des Universités populaires, qui les envoie aux sociétaires et aux universités.

Pages libres, *8, rue de la Sorbonne, au rez-de-chaussée, paraît tous les samedis, généralement sur 24 pages, souvent sur 32 pages, et quelquefois plus.*

Pages libres *a des illustrations.*

Pages libres *a un format double de celui des cahiers.*

Pages libres *publie des numéros composés en un tout complet : ainsi ses numéros sur* la Grève de Montceau, contre la guerre de Chine, *sur* la Russie en révolte, avant le congrès de Lyon.

Pages libres *est administré par Édouard Dujardin, Charles Guieysse, Maurice Kahn, Georges Moreau.*

Demander un spécimen à M. Georges Moreau, 8, rue de la Sorbonne.

L'abonnement normal à Pages libres *est de huit francs par an.*

Je prie ceux de nos abonnés qui connaîtraient à Paris des leçons de sciences — mathématiques, physiques, chimiques — à donner dès la rentrée de novembre, de vouloir bien m'écrire pour me les indiquer.

Nous avons donné le bon à tirer après corrections pour trois mille exemplaires de ce deuxième cahier le jeudi 17 octobre 1901.

www.ingramcontent.com/pod-product-compliance
Lightning Source LLC
LaVergne TN
LVHW020450230826
846091LV00004B/1638

9782011944931